Quiero Tocar el VIOLÍN

GW00673175

por Victor M. Barba

Nivel 1

Contenido del CD

MEL BAY ®

1 2 3 4 5 6 7 8 9 0

Visit us on the Web at www.melbay.com — E-mail us at email@melbay.com

Teoria Basica.

El Pentagrama.

El **Pentagrama** es la base para escribir la música. Toda la música se escribe sobre un **Pentagrama**. El **Pentagrama** tiene 5 líneas y 4 espacios. La primer línea es la de abajo y la quinta línea es la de arriba.

Las notas se pueden escribir en las líneas o en los espacios. Los nombres de las notas se toman de acuerdo al lugar en dónde se colocan en el **Pentagrama**.

El Pentagrama

Línea 5
Línea 4   Espacio 4
Línea 3   Espacio 3
Línea 2   Espacio 2
Línea 1   Espacio 1

La Clave De Sol y La Clave de Fa.

La clave de Sol se usa para identificar las notas en el pentagrama. **La clave de Sol** es un símbolo que usan los instrumentos cómo la guitarra, la trompeta, la flauta, el violín y muchos más que usan notas agudas, o notas altas.

El piano usa dos claves, la de Sol y la de Fa. Normalmente **la clave de Sol** es para la mano derecha, y **la clave de Fa** es para la mano izquierda.

La clave de Fa se usa para el bajo, el cello, el contrabajo y el trombon.

Clave de Sol   Clave de Fa

El Compás.

La música se divide por **compáces**. Un **compás** es la distancia que hay entre dos barras de **compás**.

Al final de cada canción o pieza musical, se escribe una doble barra de **compás**. Un **compás** de 4/4 tiene cuatro notas de un tiempo, u ocho notas de medio tiempo. Un **compás** de 3/4 tiene solo tres notas de un tiempo o seis notas de medio tiempo.

La Barra de Compás.

Las Barras de compás son las líneas verticales que atraviezan el pentagrama, desde la primera línea hasta la quinta línea. Hay varios tipos de **barra de compás**, normal, doble, punteada etc. Las más comúnes son: La normal y la **doble barra de compás**.

Barras de compás

Compás | Compás | Compás | Compás

Doble barra de compás

La Clave Del Tiempo.

Depende del estilo de música que vayas a tocar, se usa diferente **clave del tiempo**. Para una ranchera o un valz, se usa 3/4, para un corrido por ejemplo, se usa el 2/4. La mayoria de baladas o rock son en 4/4, también está el tiempo de 6/8 o 3/8.

Algúnas personas le llaman compás de 4/4 o compás de 6/8. El número de arriba te dice cuantas notas debes de tocar en el compás, y el número de abajo te indica que tipo de notas debes de usar.

La clave del tiempo

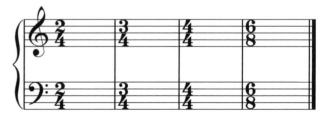

Dos cuartos   Tres cuartos   Cuatro cuartos   Seis octavos

2

Las Notas.

Para leer y escribir música ocupas las notas. Hay varios tipos de notas con diferente valor cada una.

Las más comunes son: **La Redonda**, que dura 4 tiempos. **La Blanca**, que dura 2 tiempos. **La Negra**, ésta nota dura 1 tiempo y **La Corchea**, que dura un octavo. o la mitad de un tiempo.

Los Silencios.

El silencio es también muy importante en la música. Por cada una de las notas musicales hay un sílencio que le corresponde. Fíjate en el dibujo de la derecha y compara las notas con sus respectivos sílencios.

Los Nombres De Las Notas.

Hay 7 notas musicales: Do-Re-Mi-Fa-Sol-La-Si.
Despues de la nota de Si, se vuelve a repetir todas las notas otra vez y otra vez: Do-Re-Mi-Fa-Sol-La-Si-Do-Re-Mi-Fa-Sol-La-Si-Do-Re-Mi etc.
En el idioma ingles, en lugar del nombre de las notas se usan letras: C - D - E - F - G - A - B.

Redonda. Silencio de redonda.

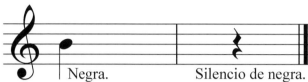

Blanca. Silencio de blanca.

Negra. Silencio de negra.

Octavo ó Corchea. Silencio de octavo.

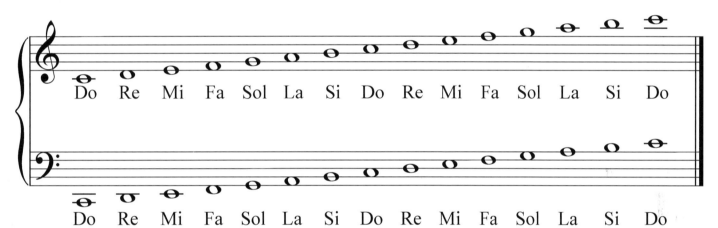

Do Re Mi Fa Sol La Si Do Re Mi Fa Sol La Si Do

Do Re Mi Fa Sol La Si Do Re Mi Fa Sol La Si Do

Símbolos Musicales.

Hay muchos símbolos en la música, estos son solo algúnos de ellos, se les llama alteraciónes:

El sostenido (♯) que sube el sonido de la nota medio tono.
El bemol (♭) que baja el sonido de la nota medio tono.
El Becuadro (♮) que cancela el sostenido y el bemol.
También está **el Calderón** (⌢) que detiene el tiempo para alargar la duración de las notas, normalmente al doble de su valor original.

Bemol ♭   Natural ♮   Sostenido ♯

Calderón ⌢

Símbolos De Repetición.

Éstos son algunos símbolos que se usan para repetir un trozo de música.

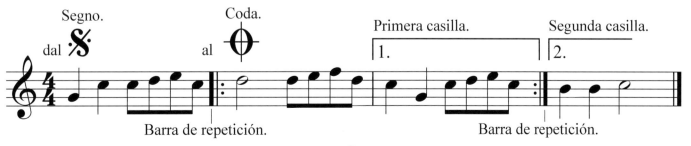

Segno.   Coda.   Primera casilla.   Segunda casilla.

dal 𝄋   al ⊕   1.   2.

Barra de repetición.   Barra de repetición.

En el violín.

Las partes de el violín.

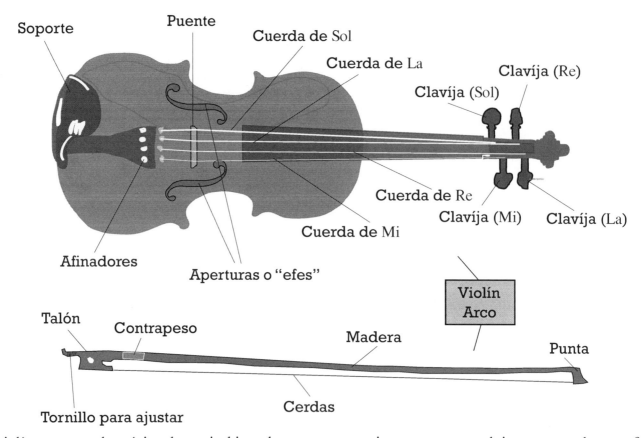

Soporte
Puente
Cuerda de Sol
Cuerda de La
Clavíja (Re)
Clavíja (Sol)
Cuerda de Re
Clavíja (Mi)
Clavíja (La)
Cuerda de Mi
Afinadores
Aperturas o "efes"

Violín
Arco

Talón
Contrapeso
Madera
Punta
Cerdas
Tornillo para ajustar

El violín se usa en la música de mariachi, en las orquestas, en baladas y música pop.

Como es un instrumento muy versátil se puede usar en cualquier estilo de música.

La primer cuerda es muy delicada y se rompe fácilmente, pide ayuda a tu maestro para afinarlo por primera vez, y con el tiempo aprenderas a afinarlo tu solo.

Cuando vas a tocar el violín por primera vez, asegurate que tenga bastante brea, o resina, en las cerdas del arco, porque si no, no se oye nada.

Las manos.

La mano izquierda usa los dedos para tocar las notas. Hay diferentes posiciones y se usan los cuatro dedos, el pulgar sirve para soporte.

La mano derecha sostiene el arco suavemente y sirve para tocar sobre las cuerdas y producir el sonido.

En algunas ocaciones se usan los dedos en lugar de el arco, y se le llama "pizzicato" y se abrevia así "*pizz*". Se toca como si puntearas la guitarra.

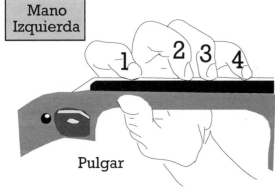

Mano
Izquierda
1 2 3 4
Pulgar

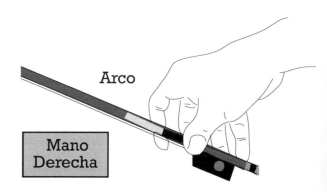

Arco
Mano
Derecha

4

Postura correcta.

El violín se toca parados o sentados.

En las orquestas se toca el violín normalmente sentados, porque las canciónes duran mucho.
En la música pop o country, puedes tocar el violín estando de pie.

Violines pequeños y grandes.

De acuerdo al tamaño del brazo y a la edad del alumno, es como se mide el tamaño del violín. Aquí te pongo una tabla de medidas para que te sirvan de guia. La medida la pongo en pulgadas.

No importa de que tamaño esté el violín, se toca de la misma forma y las notas son las mismas.
Asi que puedes empezar a aprender a tocar violín desde los tres años hasta los noventa.

Tamaño del Brazo	Edad Aproximada	Medida del Violín
14" a 15 3/8"	3 - 5 años	1/16
15 3/8" a 17"	3 - 5 años	1/10
17" a 17.5"	3 - 5 años	1/8
17.6" a 20"	4 - 7 años	1/4
20" a 22"	6 - 10 años	1/2
22" a 23.5"	9 - 11 años	3/4
23.5 para arriba.	9 - adultos.	4/4 (Adultos)

Medidas del violín

Las notas del violín.

Linea de tape.

El violín no tiene trastes como la guitarra. Al empezar a tocar violín es más fácil tener una guia para saber donde apretar la cuerda.
Fíjate en el dibujo de la derecha y vas a ver unas lineas gris clarito, debajo de las notas, un maestro te puede ayudar a ponerle tape en la distancia correcta para simular los trastes de la guitarra, o alguien que sepa que te ayude. Con esa guia es simple tocar las notas.

Los dedos.

En la pagina 4 estan los números de los dedos de la mano izquierda, el dedo uno es el índice y normalmente va en la linea del tape 2 (o cinta adhesiva).
Piensa que la linea del tape es como los trastes de la guitarra, en lugar de tocar enmedio de los dos trastes, como en la guitarra, se toca la nota sobre la linea del tape.
El dedo 2 va en la linea 4.
El dedo 3 va sobre la linea 5.

Las cuerdas.

La cuerda más delgadita es la cuerda número 1, y al tocarla al aire se oye la nota de Mi.
La cuerda que sigue es la nota de La, y luego la de Re, y por último la cuerda más gordita es la cuerda de Sol, y es la número 4.
Con los números de las cuerdas, y con los números de las líneas del tape se forma la base para tocar con tablatura, o sea con números.

Las notas.

Aprendete de memoria el orden de las notas, te va a servir mucho.
En la música hay siete notas naturales y cinco notas sostenidas o bemoles.
El orden de los sostenidos es:
Do-Do♯-Re-Re♯-Mi-Fa-Fa♯-Sol-Sol♯-La-Si.
El orden de los bemoles es:
Si-Si♭-La-La♭-Sol-Sol♭-Fa-Mi-Mi♭-Re-Re♭.

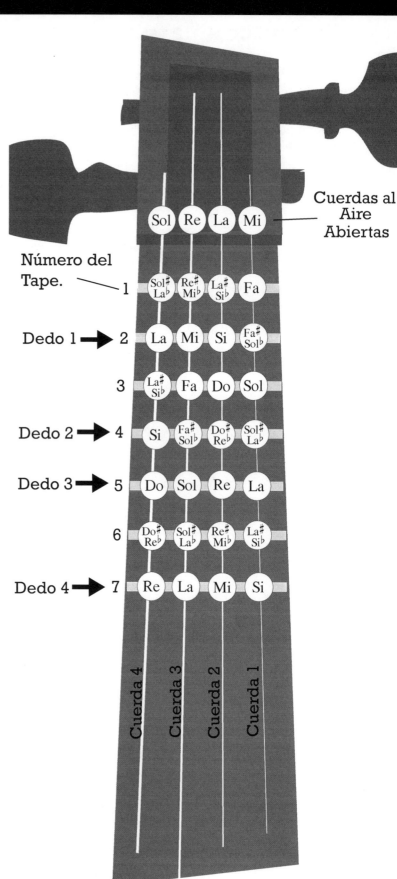

Tablatura de violín.

Tablatura para violín.

La tablatura se usa tradicionalmente para la guitarra, pero como el sistema de usar números es muy fácil, en éste líbro voy a usar tablatura para el violín.

Te voy a explicar como funciona.

La gráfica del violín

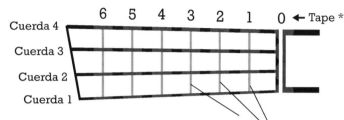

El violín no tiene estas lineas.
Esas son las lineas del tape para guiarte.
*Pide ayuda a alguien que sepa o a tu maestro de violín para que te ponga las lineas a la distancia correcta.

La clave de Sol va en el pentagrama.

— El pentagrama tiene 5 lineas.

— La tablatura tiene solo 4 cuerdas como las cuerdas del violín.

La clave de la tablatura es TAB.

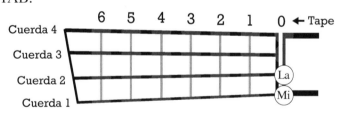

La primer nota de Mi que está en el cuarto espacio del pentagrama, se toca en la primer cuerda del violín, en la más delgadita.

La cuerda se toca al aire, por eso tiene un 0 en la línea de arriba del TAB.

Está arriba porque la nota es alta.

La segunda nota de La también se toca al aire, y por eso tiene un 0 en la tablatura, pero se toca en la cuerda no. 2.

Fíjate que la gráfica de abajo está alrevez de la tablatura, espero que no te confundas.

Poco a poco te vas a ir acostumbrando.

Otro ejemplo más de tablatura.

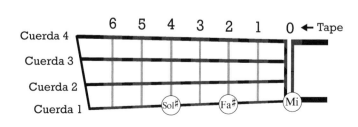

Estudios para violín.

Como tocar los estudios.

El primer estudio tocalo con el dedo índice de la mano derecha, sin usar el arco. Al tocar con el dedo se le llama "*pizz*", como si tocaras una guitarra, para que sientas el tiempo. La nota es la de Mi y se toca al aire en la primer cuerda. (La más delgadita)

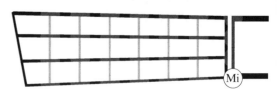

La cuerda de Mi al aire.

Estudio Para Violín No. 1
(Cuerda de Mi al aire)

Mi

Adagio ♩ = 60

Easy Music School

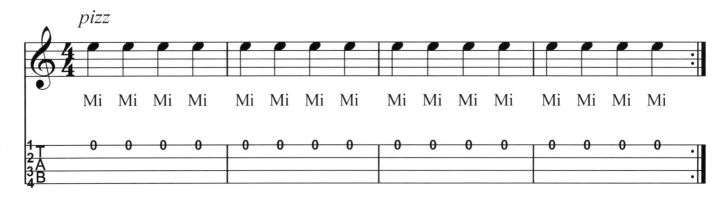

El segundo estudio lo vas a tocar con el arco, el símbolo del arco para abajo se escribe asi (⊓), quiere decir que tocas cerca del talón bajando la mano como si fueras a tocar con la punta. (Para abajo es del techo al suelo).
El símbolo para arriba es asi (∨) y se toca al contrario empezando como a la mitad del arco, hacia arriba.

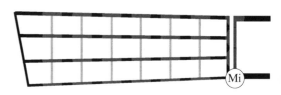

La cuerda de Mi al aire.

Estudio Para Violín No. 2
(Cuerda de Mi al aire)

Adagio ♩ = 60

Easy Music School

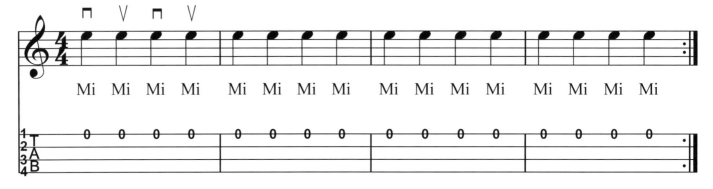

Aquí tenemos una nota nueva,la nota de La que se toca en la segunda cuerda. Fíjate en la tablatura como estan los números del 1 al 4, así te dice que cuerda debes de tocar. Fíjate también en el dibujo donde te señalo la nota que debes tocar, y escucha el CD para que se oiga igual que lo que estas tocando.
Si no se oye igual que el CD, es que algo malo estas haciendo.

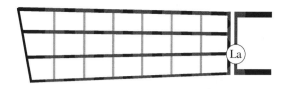

La cuerda de La al aire.

Estudio Para Violín No. 3

(Cuerda de La al aire)

La | **Adagio** ♩ = 60 | Easy Music School

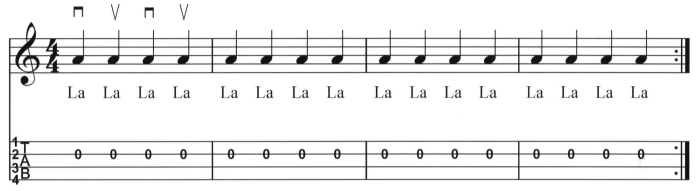

Dos notas, con notas redondas.

Cada nota redonda (○) vale 4 tiempos, compara éste estudio con los anteriores, y vas a notar que ahora la nota dura más tiempo. Manten el arco firme pero sin precionar mucho. Siempre que empiezes a tocar empieza con el arco en movimiento para abajo. (del talón a la punta).
En la tablatura dice "0" porque las notas son al aire.

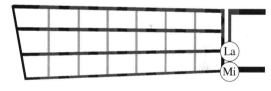

La primera y segunda cuerda.

Estudio Para Violín No. 4

(Cuerdas al aire - Mi y La)

Adagio ♩ = 60 | Easy Music School

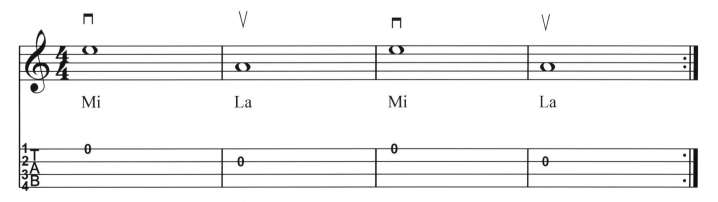

Signo de Repetición.

El signo de repetición se usa para no tener que escribir la misma música dos veces. En éste estudio hay también una nota nueva, la nota de Fa#. Tocala con el dedo índice de la mano izquierda, aprieta el tape número 2, por eso en la tablatura ves el número 2 en la linea 1.

Signo de Repetición.
Los dos puntitos junto con la doble barra de compás significa que la música se debe repetir.

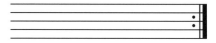

Fa#

Estudio Para Violín No. 5
(El primer dedo - Tape 2)

Adagio ♩ = 60

Easy Music School

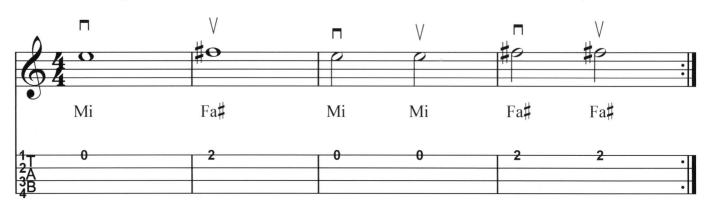

Silencio de un tiempo (𝄽).

Aquí tenemos el silencio de un tiempo. Quiere decir que cada vez que veas éste símbolo (𝄽) no debes de tocar nada, y hacer silencio por un tiempo.

Vas a ver una nota nueva, la nota de Sol#. Cuando veas el símbolo de sostenido (#) significa que la nota sube medio tono, y se toca igual de fácil que la nota que no es sostenido.

El patrón 0-2-4

Sol#

Estudio Para Violín No. 6
(El segundo dedo - Tape 4)

Adagio ♩ = 65

Easy Music School

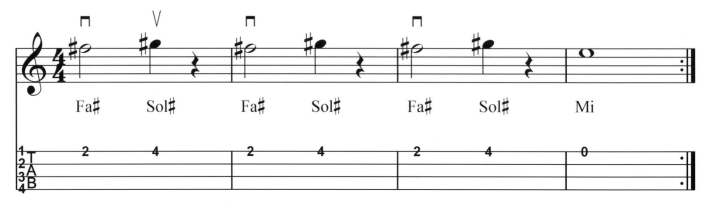

Ligadura de Fraseo.

La ligadura de fraseo es la línea curveadita que está arriba o debajo de varias notas de diferente sonido.
En el violín se tocan las notas en la ligadura, con la misma dirección del arco. En éste caso se toca el Mi y el Fa♯ con el arco para abajo y el Sol♯ con el arco para arriba.

Ligadura de Fraseo
Toca todas las notas, en la misma dirección del arco.

Estudio Para Violín No. 7

(El tercer dedo - Tape 5)

Adagio ♩ = 65   Easy Music School

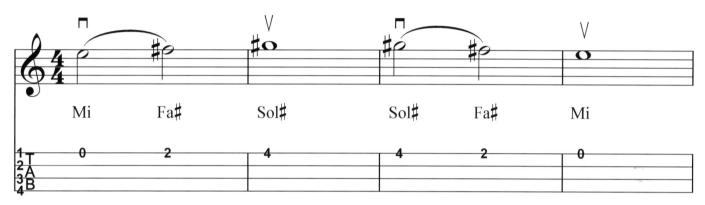

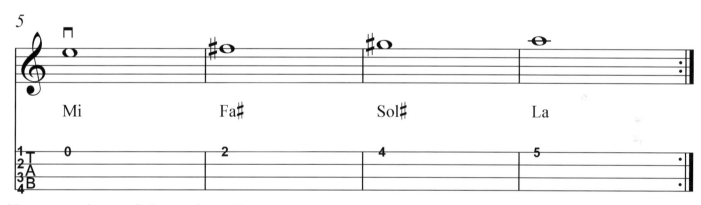

Nueva nota, la nota de La en el tape 5.

Estudio Para Violín No. 8

(El patrón 5-4-2-0)

La   **Adagio** ♩ = 65   Easy Music School

El patrón 0-2-4-5.

Los números 0-2-4-5 corresponden a el número del tape que tienes que apretar, o sea, el lugar en donde se toca cada nota. Los números 0-2-4-5 o al revez 5-4-2-0, los vas a usar mucho en el violín.

¿La nota redonda, cuanto tiempo dura? _____
¿Y la blanca, cuanto tiempo dura? _____
¿Cual patrón es muy importante en el violín? _____
¿Cuanto tiempo dura la nota negra? _____

Estudio Para Violín No. 9

(En la segunda cuerda - patrón 0-2-4-5)

Adagio ♩ = 65   Easy Music School

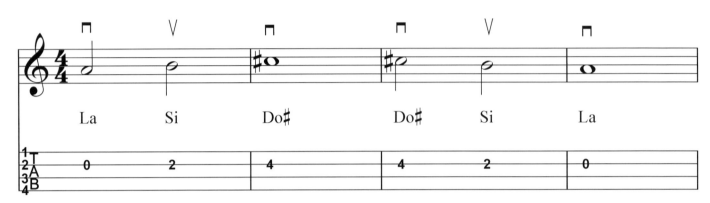

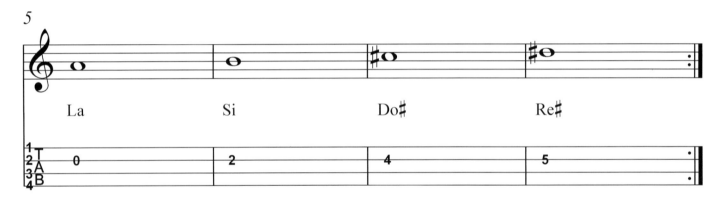

En los estudios 9 y 10 hay 4 notas nuevas: La, Si, Do♯ y Re. Se tocan en la cuerda No. 2.

Fíjate que usan el patrón que te acabo de decir; 0-2-4-5. Tocalo con los dedos al aire, uno, dos y tres.

Estudio Para Violín No. 10

(0-2-4-5)

Adagio ♩ = 65   Easy Music School

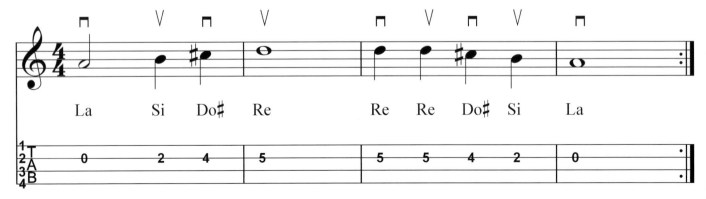

La escala de La.

La escala de La se forma automaticamente al tocar el patrón 0-2-4-5.
Toca el patrón 0-2-4-5 en la cuerda No. 2...
Ahora toca el patrón 0-2-4-5 en la cuerda No. 1...
y se forma la escala de La como si fuera magia.

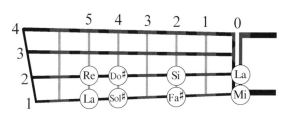

El patrón 0-2-4-5 forma la escala de La.

Estudio Para Violín No. 11
(Escala de La)

Adagio ♩ = 65

Easy Music School

La   Si   Si   Do#   Do#   Re#   Re#   Mi

Mi   Fa#   Fa#   Sol#   Sol#   La   La

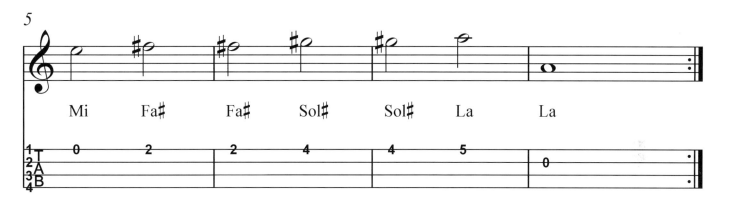

Aquí hay algunas notas de la escala de La, en diferente orden, asi que ten cuidado al tocarlas.

Estudio Para Violín No. 12

Adagio ♩ = 65

Easy Music School

La   Si   Re Do# Si Do#   Mi   La   La

La música tiene mucha logica, y mucha repetición. En éste estudio usamos el patrón 5-0 sobre cada cuerda. Primero toca 5-0 (La-Mi) sobre la cuerda uno, luego 5-0 (Re-La) sobre la cuerda dos, luego 5-0 (Sol-Re) sobre la cuerda tres y por último 5-0 (Do-Sol) sobre la cuerda No. 4.

Cada estudio te sirve para algo diferente, y en éste estudio aprendes a mantener la distancia que debes tocar en el tape 5. Toca todas las notas 5 con el dedo número tres.

Recuerda los símbolos (⊓ - ⋁) para abajo y para arriba.

Estudio Para Violín No. 13
(Todas las cuerdas)

Adagio ♩ = 65

Easy Music School

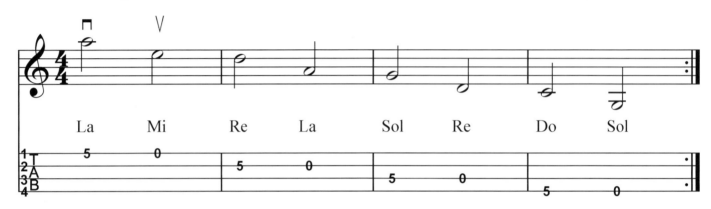

Sobre la cuerda de Sol.

Fíjate que hay varias notas nuevas en la parte de abajo del pentagrama. Las notas se escriben con lineas adicionales porque son muy bajas. y se ve muy difícil de tocar, pero si ves la tablatura del violín es muy fácil, solo sigue los números sobre la cuarta cuerda, sobre la cuerda de Sol.
Todas las notas se tocan sobre la misma cuerda.

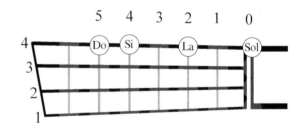

Estudio Para Violín No. 14

Adagio ♩ = 68

Easy Music School

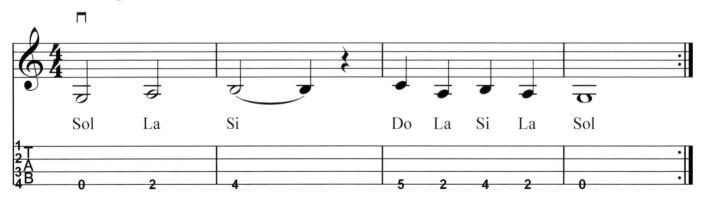

Blanca con puntito.

Pon atención en estos dos estudios, te vas a encontrar una nota blanca con un puntito, esa nota vale tres tiempos, porque el puntito aumenta el valor de la nota, la mitad de su valor original. Si la nota vale dos tiempos y le pones un puntito, entonces son; 2 + 1 = 3.

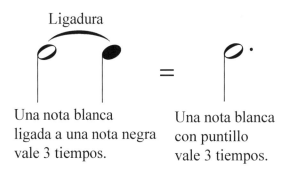

Una nota blanca ligada a una nota negra vale 3 tiempos.

Una nota blanca con puntillo vale 3 tiempos.

Estudio Para Violín No. 15

Adagio ♩ = 68

Easy Music School

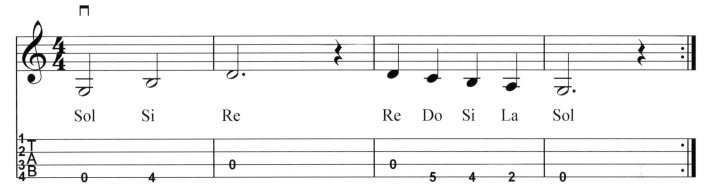

Estudio Para Violín No. 16

Adagio ♩ = 70

Easy Music School

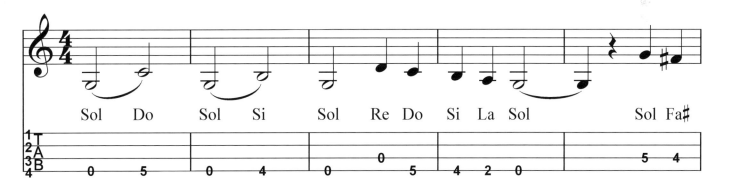

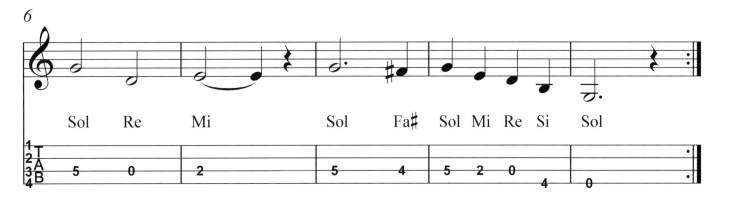

Como te has dado cuenta, tocar con la tablatura de violín es muy fácil, por eso puedes aprender nuevas notas sin ningun problema.

Ahora vas a tocar sobre las cuerdas 2 y 3 del violín, y vas a tocar notas nuevas.

Si te fijas en el dibujo de la derecha, vas a reconocer el mismo patrón 0-2-4-5, pero sobre otras cuerdas.

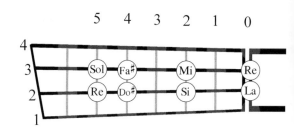

Estudio Para Violín No. 17

Adagio ♩ = 70

Easy Music School

En el violín es muy fácil brincar de una nota muy baja a una nota muy alta.

Estudio Para Violín No. 18

Andante ♩ = 70

Easy Music School

Ahora hay un ritmo nuevo, el ritmo con notas de octavos. Toca dos notas en un tiempo. La mejor forma de oir el ritmo es escuchando el CD. Asegurate de tocar cada una de las notas bien claritas.

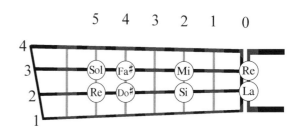

Estudio Para Violín No. 19

Andante ♩ = 70

Easy Music School

El último estudio de éste libro, te hace tocar sobre todas las cuerdas. Si puedes tocar éste estudio bien, se puede decir que éste libro dió resultado.

Estudio Para Violín No. 20

Adagio ♩ = 70

Easy Music School

Como tocar las escalas.

Notas de la escala de Sol Mayor.

Vas a ver que importante es el patrón 0-2-4-5, con esa posición vas a poder tocar varias escalas.

Vamos a comenzar con la escala de Sol, que la tocas en las cuerdas 4 y 3. Escucha el CD y toca nota por nota hasta que te la memorices, y luego vas tocando poco a poco cada vez más rapido.

La escala de Sol tiene un sostenido, el Fa#.

En el tape 2 usa el dedo 1.

En el tape 4 usa el dedo 2.

En el tape 5 usa el dedo 3.

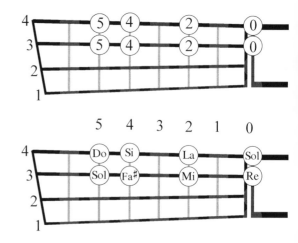

Escala de Sol Mayor

Moderato ♩ = 84   Easy Music School

Notas de la escala de Re Mayor.

Como puedes ver la escala de Re tiene el mismo patrón que la escala de Sol; 0-2-4-5, solo que la tocas en diferentes cuerdas, pero usando los mismos dedos y en el mismo orden, por eso es tan fácil de tocar las escalas.

La escala de Re tiene dos sostenidos, Fa# y Do#.

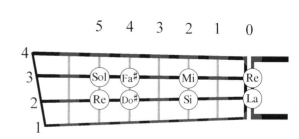

Escala de Re Mayor

Moderato ♩ = 84   Easy Music School

Notas de la escala de La Mayor.

Otra escala más con el mismo patrón. La escala de La se toca en las cuerdas más delgaditas.

Es bueno que te memorices cada una de las notas de las escalas, y con el tiempo lo vas a lograr, pero por lo pronto asegúrate de tocar cada nota bien clarita.

Con una sola posición en los dedos puedes tocar varias escalas.

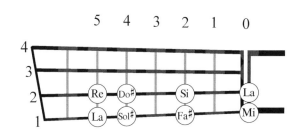

Escala de La Mayor

Moderato ♩ = 84

Easy Music School

La Si Do♯ Re Mi Fa♯ Sol♯ La Sol♯ Fa♯ Mi Re Do♯ Si La

Notas de la escala de Si♭ Mayor.

En la escala de Si♭ el patrón es igual que las escalas anteriores, aunque es un poco más difícil de tocar, porque tienes que tocar el tape 6, y ese va en una posición más avanzada para el violín. Con ésta escala se usa el dedo 4 de la mano izquierda para tocar las notas de Mi♭ y la nota más alta de Si♭.

No importa que no la puedas tocar tan pronto como las otras escalas, lo importante es que sepas como va para que luego la puedas tocar.

El patrón de esta escala es: 1-3-5-6, aunque se ve igual que el patrón 0-2-4-5.

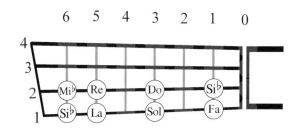

Escala de Si♭ Mayor

Moderato ♩ = 84

Easy Music School

Si♭ Do Re Mi♭ Fa Sol La Si♭ La Sol Fa Mi♭ Re Do Si♭

19

Notas de la escala de Mi♭ Mayor.

Seguimos con la misma posición de los dedos que la escala
de Si♭, ahora vas a tocar la escala de Mi♭ en las cuerdas 2 y 3.
Una vez que puedes tocar una escala con ésta posición de los
dedos, es muy fácil tocar las otras escalas, porque llevan la
misma posición.
La escala de Mi♭ tiene 3 bemoles; Si♭, Mi♭ y La♭.

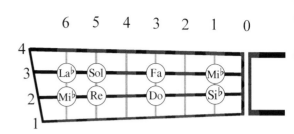

Notas de la escala de La♭ Mayor.

La escala de La♭ se toca parecida a la de Mi♭ y Si♭.
La escala tiene 4 bemoles, y la tocas en las cuerdas 3 y 4.
Toca cada una de las escalas que ya conoces muchas veces,
cuando menos 10 veces seguidas sin equivocarte.

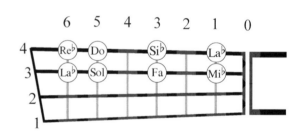

El patrón 0-2-4-5

La escala de Sol.
La escala de Re.
La escala de La.

El patrón 1-3-5-6

La escala de Si♭.
La escala de Mi♭.
La escala de La♭.

Notas de la escala de Re♭ Mayor.

Con la escala de Re♭ vas a ver 5 bemoles al principio del
pentagrama. Se ve como si fuera más difícil tocar, pero en
realidad es lo mismo, fíjate que es la misma posición que
las escalas anteriores, solo que empiezas en el tape 4 en la
segunda cuerda. Las notas son más altas.

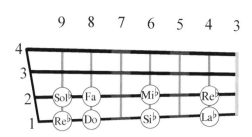

Escala de Re♭ Mayor

Moderato ♩ = 84

Easy Music School

Notas de la escala de Si Mayor.

Lo mismo ocurre con la escala de Si, tiene 5 sostenidos, y es
tan fácil de tocar como todas las demás.
En ésta escala toca en la tercera y cuarta cuerda.
El patron de ésta escala es 4-6-8-9, igual que la escala de
Re♭ y la escala de Fa♯, que aprenderas en el segundo nivel.

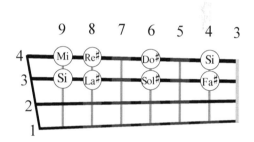

Escala de Si Mayor

Moderato ♩ = 84

Easy Music School

Armaduras.

Las armaduras son muy importantes para reconocer el tono
en el que está una canción. Si tiene dos sostenidos, está en
RE, si tiene 3 bemoles está en MI♭. Aprendete estas.

Armaduras de algunos tonos.

Notas de la escala de Do **Mayor.**

La escala de Do no lleva ninguna alteración. Al tocarla con el violín ocupas 3 cuerdas; en la cuarta cuerda en el tape 5 toca la nota de Do, y luego sigue la tercer cuerda con las notas Re, Mi, Fa y Sol, (Tape 0-2-3-5) y por último en la segunda cuerda las notas La, Si y Do, (Tape 0-2-3).

Como puedes ver, el patrón es muy diferente a las demas escalas, pero al practicarla, se toca igual de fácil.

Se debe oir igula que todas las escalas mayores.

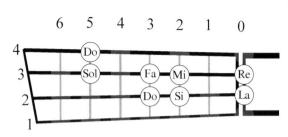

Notas de la escala de Fa **Mayor.**

La escala de Fa también ocupa tres cuerdas, fíjate en el dibujito de la derecha. La escala de Fa tiene un bemol; el Si♭.

A la hora de tocar cada escala, asegurate de que se oiga cada nota bien clarita. Recuerda tocar despacito.

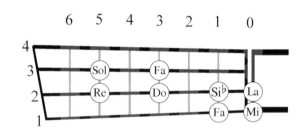

Notas de la escala de Mi **Mayor**.

En la escala de Mi mayor vas a ver 4 sostenidos;
Fa♯, en la tercer cuerda, tape 4.
Do♯, en la segunda cuerda, tape 4.
Sol♯, en la tercer cuerda, tape 6.
Re♯, en la segunda cuerda, tape 6.

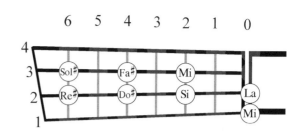

Escala de Mi Mayor

Moderato ♩ = 84

Easy Music School

Mi Fa♯ Sol♯ La Si Do♯ Re♯ Mi Re♯ Do♯ Si La Sol♯ Fa♯ Mi

Notas de la escala de La **menor armonica**.

En la música existen muchos tipos de escalas. Ya conoces
varias escalas mayores, pero también hay escalas menores.
En las escalas menores hay tres tipos de escalas, te voy a
enseñar la más común de las tres, la escala menor armonica.
Se toca en la segunda cuerda La, Si, Do y Re con el patrón
0-2-3-5, y en la primer cuerda, con el patrón 0-1-4-5 las notas
Mi, Fa, Sol♯ y La.
Fíjate que la distancia entre el Fa y el Sol♯, es mayor que
todas las demas notas que habias tocado en todas las escalas
anteriores. Ten cuidado de abrir un poco más los dedos.
El sonido es diferente a las escalas mayores, escucha primero
el CD para que sepas como se debe oir.

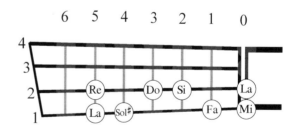

Escala de La menor armonica

Moderato ♩ = 84

Easy Music School

La Si Do Re Mi Fa Sol♯ La Sol♯ Fa Mi Re Do Si La

23

Canciónes muy sencillas.

Con pocas notas.

Practíca éstas melodias con notas basicas, como la redonda (○), y la blanca (♩). Ésta canción lleva solo 4 notas, y es muy fácil de tocar, lo importante es que la puedas tocar a tiempo junto con el CD y que las notas se oigan claritas, y con el arco suavecito, "simplemente" que la toques bien.
¿En que tono está ésta canción? _____

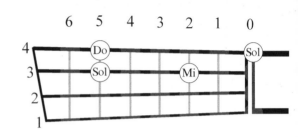

Simplemente

Lento ♩ = 75

Easy Music School

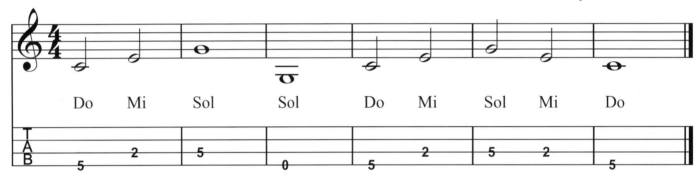

Do Mi Sol Sol Do Mi Sol Mi Do

Con silencios de un tiempo.

En ésta canción vas a practicar las notas negras, o de un tiempo (♩). También el brinco de la nota de Sol en la tercer cuerda a la nota abierta de Mi en la primer cuerda. Si te fijas en el pentagrama se ve una distancia muy grande, pero para tocarla en el violín es muy fácil.
Te recomiendo que todas estas canciones las toques junto con el CD para que oigas la afinación mejor, y al mismo tiempo vas sintiendo el ritmo de la música.
¿Cuanto dura la nota blanca? _____

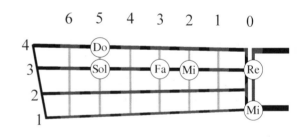

El Primer Dia Que Te Vi

Lento ♩ = 75

Easy Music School

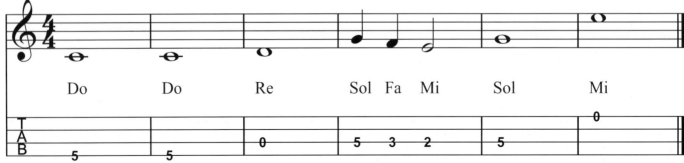

Do Do Re Sol Fa Mi Sol Mi

24

Ligaduras.

La **ligadura** une a dos notas del mismo sonido, y sirve para alargar la duración de las notas.

En el compás tres, hay un Mi de dos tiempos y un Mi de un tiempo, pero como tiene la ligadura, entonces se toca solo una vez pero el sonido dura tres tiempos.

Escucha el CD y toca junto con él.

El silencio de un tiempo (𝄽) lo ves en el compás 3.

Hay un brinco de la primer cuerda abierta a la cuarta cuerda abierta, del compás tres al cuatro.

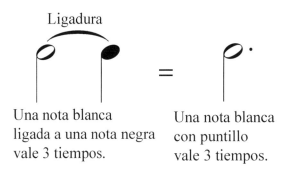

Una nota blanca ligada a una nota negra vale 3 tiempos.

Una nota blanca con puntillo vale 3 tiempos.

Sin Tus Ojos

Lento ♩ = 75

Easy Music School

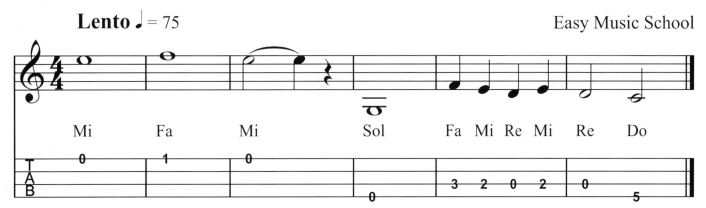

Mi　Fa　Mi　Sol　Fa Mi Re Mi　Re　Do

Ligaduras de fraseo.

La **ligadura de fraseo**, se usa para tocar por grupos de notas o frases músicales. En el primer compás hay tres notas; un Mi de dos tiempos, un Fa de un tiempo y un Sol de un tiempo. Las tres notas se tocan con el arco para abajo, o sea del talón a la punta, por eso ves el símbolo (⊓) arriba del Mi.

En el segundo compás el arco va para arriba marcado por el símbolo (∨) y toca el Mi y el Sol, sin cambiar la dirección del arco. ¿Cual es la diferencia entre una ligadura y la ligadura de fraseo? _____

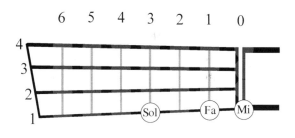

Tres Dias Sin Ti

Lento ♩ = 75

Easy Music School

Mi　Fa Sol Mi　Sol　Fa　　Fa　Sol Mi Sol　Fa　Mi

Canciónes sencillas.

Canciónes en varios tonos.

El violín es uno de los instrumentos más versatiles que hay, puede tocar en cualquier tono, cualquier tipo de ritmo, y puede sostener el sonido por largo tiempo.
A continuación hay cuatro canciónes en varios tonos.
Hay un Fa♯ y el silencio de dos tiempos, adamás de distinguir la primera frase musical y la segunda, escucha el CD.
Por lo demas no hay nada nuevo en ésta canción.

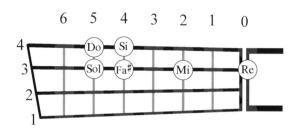

Eres El Sol

Moderato ♩ = 80

Easy Music School

Los octavos o las corcheas.

Los octavos, como su nombre lo dice duran un octavo de tiempo, o sea, que en un tiempo de un cuarto, se tocan dos octavos.
A los octavos también se les llaman corcheas, son las notas con una colita, (o *plica*)
La nota negra con puntito, vale un tiempo y medio.
Fíjate que toda la canción se toca en la tercer cuerda, excepto por la nota de Do♯ en la cuarta cuerda.

Nota negra con puntito

Ésta nota vale
un tiempo y medio.

Corchea

Ésta nota vale
medio tiempo
o un octavo.

Reencuentro

Moderato ♩ = 80

Easy Music School

Aquí hay varios octavos juntos, son ocho en un compás, escucha el CD para que sientas en que tiempo se deben de tocar. Son un poco más rapido que las notas de un tiempo, asi que mueve los dedos rapidito.

Fijate en el patrón de como se deben de tocar cada una de las notas, y vas a ver que se repite, de esa manera es más fácil tocar la canción y memorizarla.

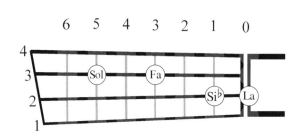

Sueños De Fama

Moderato ♩ = 80

Easy Music School

Notas de dos tiempos y cuatro octavos, asi se forma un compás completo de 4/4. Dos octavos es un tiempo, cuatro octavos son dos tiempos, asi que, dos tiempos y la nota blanca de dos tiempos, suman cuatro tiempos.

¿En la armadura hay dos sostenidos, cuales son? _____

¿Cuales son las notas de la escala de Re? _____

Respirando Amor

Moderato ♩ = 80

Easy Music School

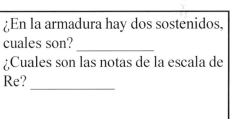

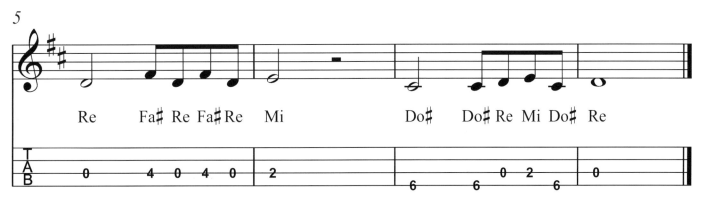

Signos de repetición.

Los signos de repetición.

Hay una forma de repetir la música usando unos símbolos de repetición, son las barritas con dos puntitos que ves en la partitura.

Cuando la música se repite, se usa un símbolo como una "S" (𝄋), y se llama "segno" del idioma italiano que significa "signo", y cuando la música se repite hay indicaciónes que dice que te regreses "al segno" o sea repite desde donde está el símbolo del segno (𝄋)

Repite toda la música que este dentro de las dos barras de repetición.

Repitelo Otra Vez

Moderato ♩ = 80

Easy Music School

Do♯ La Do♯ Re Fa♯ Re   Do♯ La Do♯ Si

Do♯ La Do♯ Re Fa♯ Re   Do♯ Re Do♯ Si La

El Motivo.

El motivo es un fragmento de música que se repite durante toda la canción. Pueden ser dos o tres notas, y es muy fácil de ver.

El motivo melódico es cuando se repiten las mismas notas, y por supuesto el mismo ritmo. El motivo ritmico es cuando el ritmo es igual pero las notas son diferentes. La mayoria de canciónes usan motivos para sus melodias.

La quinta sinfonia de Beethoven es una de las piezas más populares y tiene un motivo de tres notas.

El motivo de ésta canción es dos corcheas y una negra, es un motivo ritmico porque las notas son diferentes pero el ritmo es igual.

28

La direccion del arco normalmente se hace tomando en cuenta la primer nota de cada compás. Por ejemplo el Do del primer compás se toca con el arco para abajo (⊓). Cuando veas música escrita que no lleva la marca del arco, tu puedes agarrar un lapíz y escribirla, de acuerdo a como sientas la música. Si no sabes bien como va, no te preocupes mucho, toca una nota para arriba y otra para abajo, con el tiempo lo vas a hacer mejor.

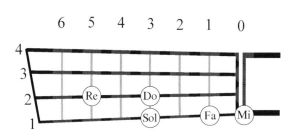

Un Amigo Nada Más

Moderato ♩ = 80

Easy Music School

Do Fa Re Mi   Do Sol Mi Fa   Mi SolFa Mi Sol Fa

Ésta canción está en el tono de Sol, y las notas son fáciles de tocar. Solo la nota de Sol va en la tercer cuerda, por lo demas toca todo en la segunda cuerda del violín. Ésta canción debe ser sencilla para ti, asi que dentro de poco comenzaremos a tocar más avanzado.

¿Cuanto tiempo vale una corchea? _____

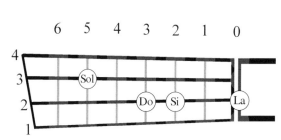

Abrazame Ahora

Moderato ♩ = 95

Easy Music School

Si SolLa Si Sol La   LaSi DoLaSiDoLa Si   SolLa   Si   La   Sol

Contesta las siguientes preguntas:

¿Como se llama éste símbolo ♯ y para que sirve? _____

¿Cuanto dura ésta nota ♩ y como se llama? _____

¿Como se llama éste signo 𝄌? _____

¿Cuantos sostenidos tiene la escala de Sol? _____

¿Que es una **armadura**? _____

¿Cuanto tiempo dura éste silencio 𝄽? _____

Anacruza y dinamica.

Anacruza.

Hay canciónes que en lugar de empezar en el primer tiempo del compás, empiezan en el segundo o en el cuarto, o en cualquier otro tiempo, menos el primero. A ese conjunto de notas que están antes del primer compás, se le llama **anacruza**. La anacruza puede ser una nota o varias notas. Ésta canción está en el tono de Sol, asi que ten cuidado en tocar las notas correctas.

Las notas de la anacruza se tocan normalmente con el arco para arriba, (ᴠ) para que al empezar la primer nota del primer compás, sea siempre para abajo. (ⁿ)

¿Cuantos octavos hay en un compás de 4 tiempos? _____

¿Cual es la nota que se toca en la anacruza? _____

Marcha Naval

Una Triste Canción

La anacruza de ésta canción es de dos notas, una anacruza puede ser de una o varias notas, mientras la canción no comience en el primer tiempo, entonces se le llama anacruza.

Ésta canción va lenta, asi que toca el arco más despacio. Recuerda que las primeras dos notas de la anacruza, Re y Sol se tocan con el arco para arriba (ᴠ), para que la primer nota de Si se toque con el arco para abajo (ⁿ).

¿Dos corcheas cuanto tiempo valen? _____

¿Cuanto tiempo vale una blanca ligada a una negra? _____

30

Dinamica.

La dinamica te explica los símbolos que se usan en la música para que sepas cuando tienes que tocar con diferente volúmen. Siempre que escuchas música, a veces se escucha muy fuerte o a veces muy quedito, pues en la música hay letras o palabras para decirte como debes de tocar.

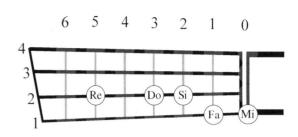

Di Que Si

Moderato ♩ = 80

Easy Music School

Do Mi Re	Re Fa	Mi	Do Mi Re	Fa Mi Re Do Do	Do Mi Re	Si Si Si Si	Do

p   *f*   *mp*   *ff*

pp	pianissimo	Toca muy bajito de volumen, que apenas se oiga.
p	piano	Bajito de volumen, pero no tanto.
mp	mezzopiano	Medio bajito, poquito mas fuerte que *piano*.
mf	mezzoforte	Medio fuerte, poquito menos fuerte que *forte*.
f	forte	Fuerte de volumen, que se oiga.
ff	fortissimo	Ahora sí, toca muy fuerte, fuertisimo.

crescendo

Quiere decir "creciendo", o sea que cada vez tocas mas fuerte.

decrescendo

Quiere decir "decreciendo", en éste caso poco a poquito le vas bajando el volúmen. Vas tocando mas bajito.

Cuando toques éstas canciónes trata de tocar quedito o fuerte de acuerdo a las letras que veas debajo de las notas. Aprendete estos cuantos símbolos, son muy fáciles.

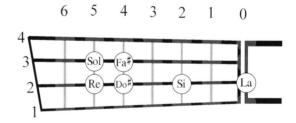

La Brisa De Verano

Moderato ♩ = 95

Easy Music School

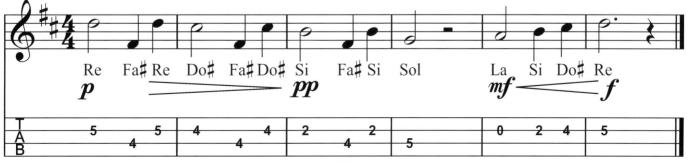

Re Fa♯ Re Do♯	Fa♯ Do♯ Si	Fa♯ Si Sol	La Si Do♯ Re

p   *pp*   *mf*   *f*

Canciónes más largas.

Ahora es tu turno de demostrar lo que has aprendido.

Himno A La Alegria

Allegro ♩ = 100

Easy Music School

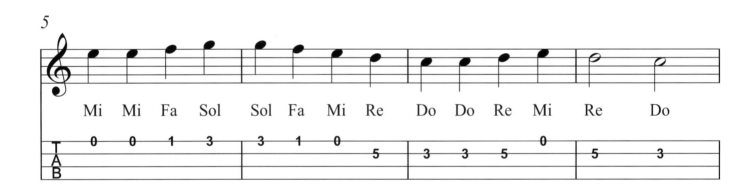

Al tocar canciones largas, a veces se confunde uno con las notas, o se le olvida a uno que tocar, por eso es importante aprenderse pedacito por pedacito de la canción. Toca la primera frase o la segunda y aprendetelas de memoria, luego la que sigue, y la que sigue, hasta que toques la canción completa.

Manten los dedos en la posición correcta todo el tiempo.

La Cucaracha

Estudios de Arpegios.

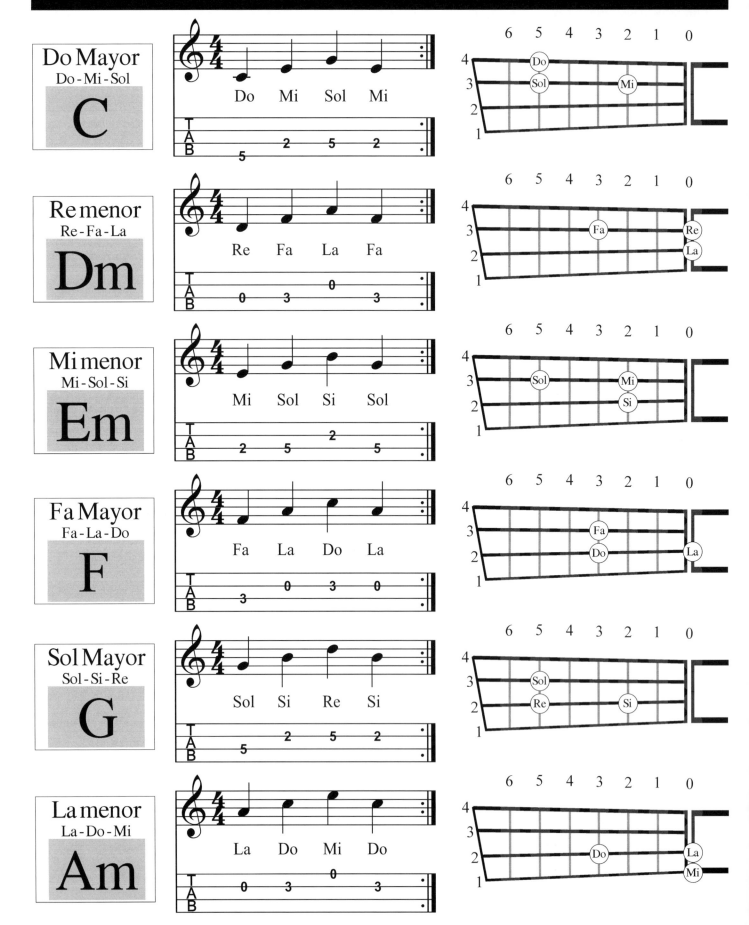

En el tono de Do Mayor.

Fíjate en la página anterior, ve los seis tipos de arpegios, apréndete de memoria cada uno por separado. Practica cada uno muchas veces hasta que los puedas hacer muy bien.

Ya que puedas tocar cada uno despacio, entonces pon el CD en el número 50 y practica todos los arpegios seguiditos, cuando ya los puedas tocar junto con el CD, despues tocalos más rapido.

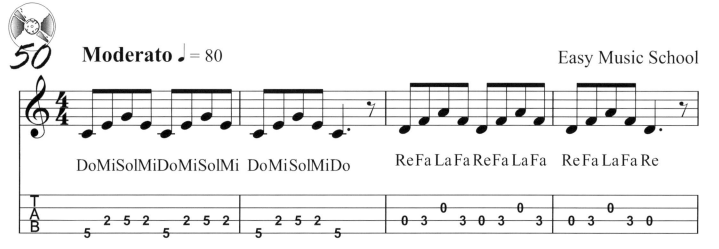

50   **Moderato** ♩ = 80   Easy Music School

DoMiSolMiDoMiSolMi DoMiSolMiDo   ReFaLaFaReFaLaFa ReFaLaFaRe

Arpegio en el tono de Do Mayor.
Fíjate que tiene el mismo patrón que el de Sol Mayor.

Arpegio en el tono de Re menor.
Fíjate que tiene el mismo patrón que el de La menor.

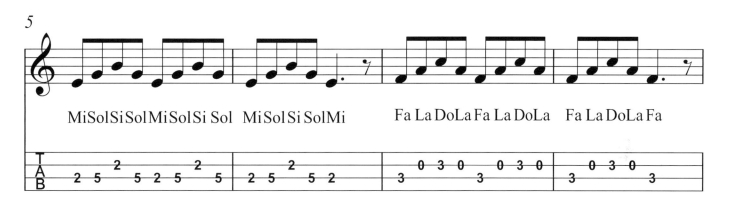

MiSolSiSolMiSolSiSol MiSolSiSolMi   FaLaDoLaFaLaDoLa FaLaDoLaFa

Arpegio en el tono de Mi menor.
Se toca en las cuerdas dos y tres.

Arpegio en el tono de Fa Mayor.
El Fa va en el tape 3 y las otras tres notas van en 0-3-0.

SolSiReSiSolSiReSi SolSiReSiSol   LaDoMiDoLaDoMiDo LaDoMiDoLa

Arpegio en el tono de Sol Mayor.
El mismo patrón que Do Mayor, pero en diferentes cuerdas.

Arpegio en el tono de La menor.
Muy fácil de tocar en las dos primeras cuerdas.

Solos.

Solos, Duetos, Trios y Cuartetos.

Aprendete bien éste solo de violín.
En la página que sigue vas a oir el CD y se oyen dos violines en forma de dueto, al repetir la música solo vas a oir el violín 2, para que así tu toques el violín 1 y se oiga el dueto bien bonito.

En la página 38 hay un trio, dos violines y un cello, escucha primero como se oyen los tres instrumentos juntos, y luego tocalo junto con el CD la segunda vez en donde solo se oye el violín 2 y el cello.
En la página 39 es lo mismo pero con un cuarteto.

Solo Una Vez

Easy Music School

Duetos.

Como puedes darte cuenta vas a tocar lo mismo en el solo, el dueto, el trio y el cuarteto, pero cada vez se va a escuchar con más instrumentos.

Eso es lo bonito de la música. Recuerda que la canción la oyes una vez con todos los instrumentos y despues se repite pero sin el violín 1.

Solo Una Vez

Andante ♩ = 75

Easy Music School

Trios.

Solo Una Vez

Andante ♩ = 75

Easy Music School

38

Cuartetos.

Solo Una Vez

Easy Music School

Andante ♩ = 75

Dia a dia.

Dia A Dia No. 1

Easy Music School

Moderato ♩ = 90

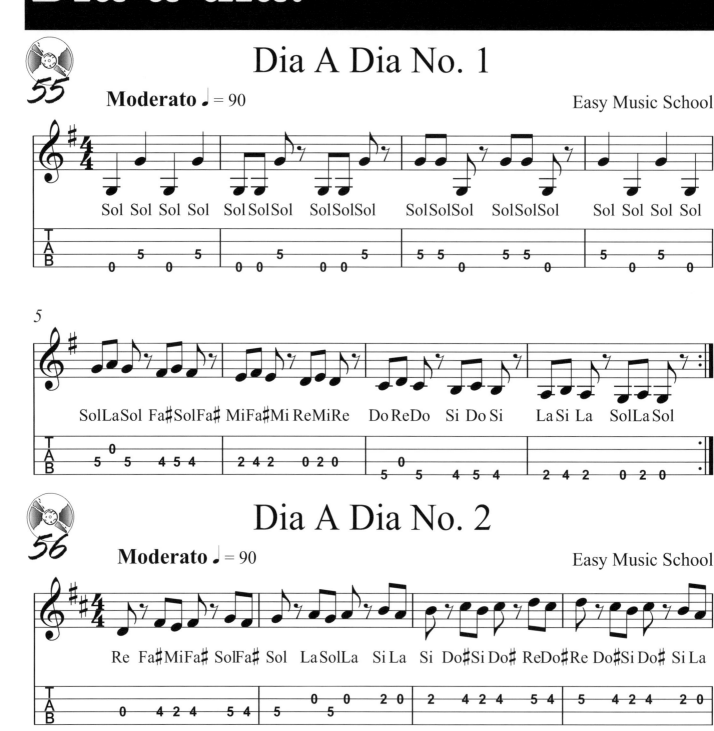

Dia A Dia No. 2

Easy Music School

Moderato ♩ = 90

Cada uno de estos ejercicios "Dia A Dia" tocalos
muy despacio varias veces, ya que lo puedas hacer
bien, tocalo junto con el CD para agarrar velocidad.
No importa en que orden los estudies, pero procura
tocar cuando menos uno por dia.

Dia A Dia No. 3

Moderato ♩ = 90

Easy Music School

Dia A Dia No. 4

Moderato ♩ = 90

Easy Music School

Aun cuando se ven un poco dificiles de tocar, te vas a dar
cuenta que con la practica vas a poder tocar todos estos
ejemplos. Cuando puedas tocar cada uno de los "Dia A Dia"
de este libro, ya podras tocar miles de canciónes y estaras
listo para el siguiente nivel.

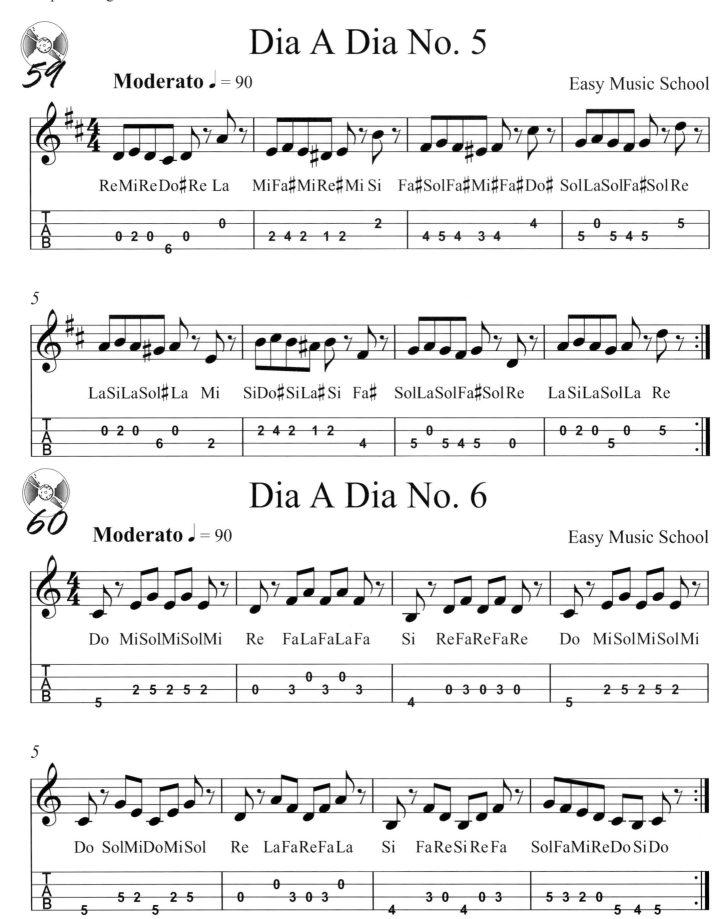

Dia A Dia No. 5

Moderato ♩ = 90

Easy Music School

ReMiReDo♯Re La MiFa♯MiRe♯Mi Si Fa♯SolFa♯Mi♯Fa♯Do♯ SolLaSolFa♯SolRe

LaSiLaSol♯La Mi SiDo♯SiLa♯Si Fa♯ SolLaSolFa♯SolRe LaSiLaSolLa Re

Dia A Dia No. 6

Moderato ♩ = 90

Easy Music School

Do MiSolMiSolMi Re FaLaFaLaFa Si ReFaReFaRe Do MiSolMiSolMi

Do SolMiDoMiSol Re LaFaReFaLa Si FaReSiReFa SolFaMiReDoSiDo

Ojala y éste líbro te haya ayudado a motivarte para seguir estudiando música. El violín es uno de tantos instrumentos que hay, y ojala sigas estudiando y despues toques más instrumentos de música. Por lo pronto disfruta de estos ultimos dos "Dia A Dia".

Dia A Dia No. 7

Dia A Dia No. 8

43

Acompañamiento.

El violín se usa mucho para acompañar a otros instrumentos. Normalmente siempre hay más de un violinista, si hay tres personas que toquen el violín, cada uno toca una nota diferente y así se producen los acordes.

El siguiente ejemplo es de tres violines acompañando a una flauta, fíjate que tambien hay un cello para hacer la parte del bajo. Las tres notas del violín van en un pentagrama. Escoje cualquiera de las tres notas, la de abajo, la de en medio o la de arriba y vas a poder acompañar ésta melodía.

Por Las Nubes

Allegro ♩ = 145

Victor M. Barba

"Preludio" es otro ejemplo de acompañamiento que se usa mucho en el violín, notas seguiditas de octavos.

Aunque se ven muchas notas, estoy seguro que le vas a entender.

Escucha el CD para que sepas como va, y fíjate que al final se hace la música más lenta, por la abreviación **rit...**

Hay un momento en el compás tres que la música para y es por el calderón (𝄐) que hace que la música se pare poquito.

Preludio

Victor M. Barba

64

Melodias originales.

Algunas canciónes y melodias originales para que puedas tocar
como todo un profesiónal, y sin que te cueste mucho trabajo.

Un Nuevo Dia

Suave ♩ = 75

Easy Music School

Mi ReDo Mi   ReDo Re   Mi Fa Mi Re Re Mi Fa

5

Sol   La Si La   Si Do Fa   Sol La Sol   La Si

9

Do   Re Do Do   Re Mi Fa   Mi Do Re   Do Re

13

Mi   Re Do Mi   ReDo Re   MiFa Mi ReRe MiRe Do

Melodia Sin Fin

Balada ♩ = 78

Easy Music School

SibDo DoReReRe Do Sib DoReReRe DoRe ReMibMibMib Re Sib

5

Do   SibDo DoReReRe Do Sib DoReReRe DoRe ReMibMibMibRe Sib Do Sib

46

Intermezzo

Easy Music School

Adagio ♩ = 45

Do La   La Si♭ La   Si♭ Re   Re

Si♭   Si♭ La   Sol   Mi   Do   DoReMiFa   Si♭   La

Sol   Mi   La Si♭DoReMiFa   Fa   MiReDoSi♭La   Sol   Fa

La mejor forma de tocar éstas canciónes es escuchando primero el CD para oir como van.

Si tocaste todas y cada una de estas canciónes, estoy seguro que tocas muy bien el violín. Felicidades!

El Ultimo Romance

Romanticamente Lento ♩ = 64

Victor M. Barba

Sol   La   Si   Si **p**   Sol   La   Do

molto rubato

Mi   Mi   **3** Si♭   Re
          Fa

1.

Sol   La   Si   Re   Si   Sol   Re **3** Si♭   La♭   Sol   Fa   Sol
          Do

2.

Sol   La   Do   **p** Si   Sol   La   Si   Do

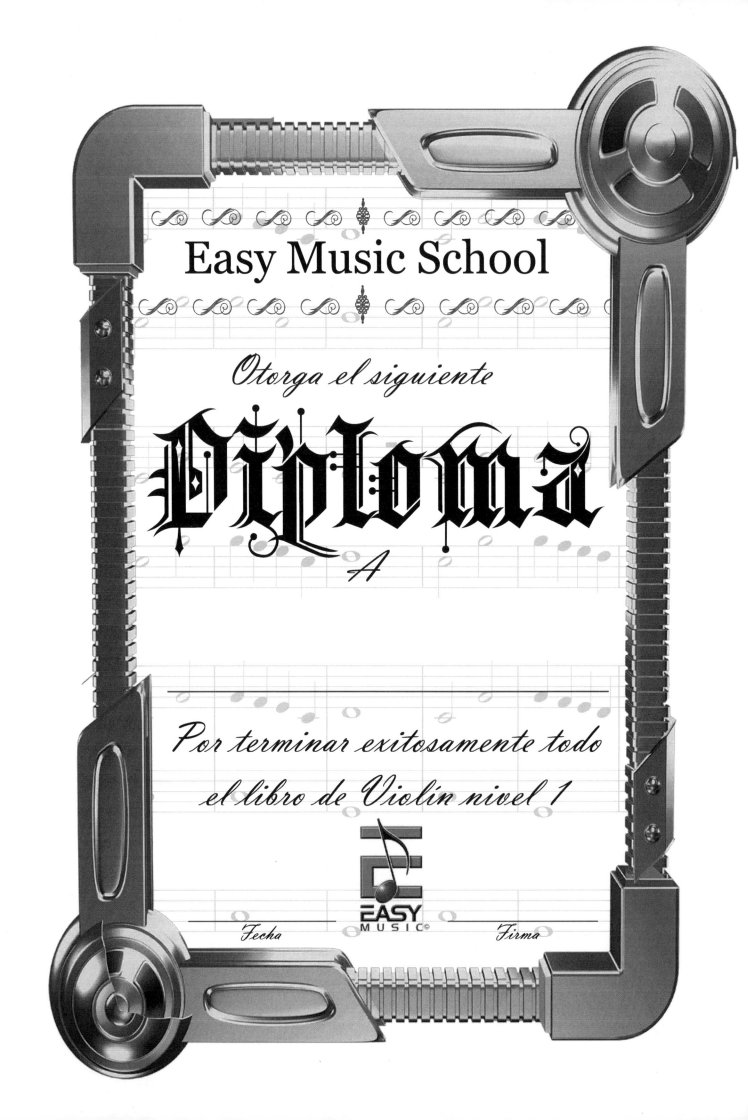

Easy Music School

Otorga el siguiente

Diploma

A

Por terminar exitosamente todo el libro de Violín nivel 1

_____ Fecha   _____ Firma